野菜を中心にしっかり食べることで
体はどんどん元気に美しくなれます

　健康で美しくいるためには、やっぱり野菜って大切。体の中から肌や内臓にアプローチするすごい栄養素がたくさん詰まっていて、まさに「くすり箱」。この本では、「野菜でおなかいっぱい！」をテーマに、自分にとってベストなコンディションをキープするための効能別サラダメニューを提案しています。

　私がサラダをおすすめするのは、若いころの苦い経験がきっかけです。タレントのオーディションを受けたときは、少年のような体型でした。念願叶って16歳のとき、アイドルグループ『CoCo』のメンバーとしてデビュー。忙しい日々を送ることになり、それまで実家暮らしだった私の食生活は激変しました。外食やコンビニのお弁当で野菜不足が続き、食べる時間も不規則に。ストレスからか夜中にスナック菓子をたくさん食べたり……。当然、20歳すぎにはすっかりぽっちゃり体型に。『CoCo』として活

MAKI MIYAMAE

" タレントとして活動していたころが
一番太っていました（笑）。
いまは体重も肌も
ベストコンディションです。"

動していた時代は、今より10kgも太っていたんです！

　ダイエットするにもやり方がわからない。〇〇だけダイエットとか、食事をとらないとか、極端なことをしてはリバウンド、の繰り返しでした。気がつくと肌も荒れ放題。ギリギリまで体を追いこんでしまっていたのです。

　そんな日々を反省して自分の体と真剣に向き合うようになったのは、引退後のこと。もともと食べることは好きだったので、一念発起、料理の学校に通い、食関係の資格をとって、徹底的に食について学びました。料理の仕事も増え、自分自身も野菜を中心に上手に食べることを覚えて、徐々にいい状態に。おかげで今は体重も当時より10kg以上減り、肌もベストな状態を保っています。

22歳のころ、雑誌のグラビア。
photo by yuu kamimaki

37歳のときのグラビア。photo by Hidekazu Maiyama

　2010年にはカフェレストラン「M.Nature(エム・ナチュール)」をオープンし、サラダをはじめ、ヘルシーで安心なメニューを考える毎日です。私の実体験の中から生まれた自慢のレシピ、気軽に試していただけたらうれしいです。

c o n t e n t s

はじめに 2
肌に食べさせる! 美養サラダの3カ条 8
サラダカスタムの方程式 12

PART 1　グリーン野菜で美養サラダ

ロメインレタス 16
ロメインレタスとアボカドの
シーザーサラダ 18
ロメインレタスの韓国風サラダ 20
ロメインレタスのコブサラダ 21

ベビーリーフ 22
ベビーリーフときのこマリネのサラダ 24
ベビーリーフと
ズッキーニソテーのサラダ 26
ベビーリーフと
ミックスビーンズマリネのサラダ 26

サラダほうれんそう 28
サラダほうれんそうと
豆腐のしょうが風味サラダ 30
サラダほうれんそうと
りんごの黒米サラダ 32
サラダほうれんそうと
サーモンマリネのサラダ 33

ブロッコリー 34
ブロッコリーのタルタルサラダ 36
ブロッコリーと焼き野菜のサラダ 38
ブロッコリーとツナのパスタサラダ 39

ブロッコリースプラウト 40
スプラウトとチリコンカンのサラダ 42
スプラウトと蒸し鶏、
白いんげん豆のサラダ 44
スプラウトとそばのサラダ 45

水菜 46
水菜のワカモレサラダ 48
水菜とピータンの中華サラダ 50
水菜と厚揚げの和風サラダ 50

クレソン 52
クレソンのニース風サラダ 54
クレソンのシンプルサラダ 56
クレソンと豚しゃぶのサラダ 57

ケール 58
ケールと牛肉のタリアータサラダ 60

きゅうり 62
きゅうりと夏野菜のサラダ 64

香菜(パクチー) 66
香菜と春雨のサラダ 68

白菜 70
白菜とツナの和風サラダ 72
白菜とりんごの
ブルーチーズサラダ 73

紫野菜 74
紫キャベツとビーツのサラダ 76
紫キャベツのコールスロー 78
ビーツのタブレサラダ 79

コラム
オイルマスターのドレッシング講座 80

PART 2
定番野菜でヘルシー ベジヌードル

ズッキーニ 84
ズッキーニと小えびの
レモンバターソース 86
ズッキーニの
カレーカルボナーラ風 88
ズッキーニの
ごまだれ冷やし中華風 89

にんじん 90
にんじんとツナのアラビアータ 92
にんじんのアボカド
トマトパスタ風 94
にんじんの
オレンジクリームデザート 95

大根 96
大根のきのこクリームパスタ風 98
大根のすき焼きうどん風 100
大根のぶっかけそうめん風 101

長いも 102
長いもとえのきのオムスパ風 103

豆苗 104
豆苗とさば缶の
エスニックめん風 105

コラム
使い方によって、塩を選んでみよう！ 106

PART 3
作りおきで便利！ 寝かせ美養液サラダ

アンチョビトマトポテトサラダ 110
シンプルポテトサラダ 110
ディルとチーズのポテトサラダ 110
ひじき入り和風ポテトサラダ 110

夏野菜のラタトゥイユ 112

ミックスビーンズのマリネ 114
サーモンのマリネ 114
シーフードのマリネ 116
グリル野菜のマリネ 116

紫キャベツのナムル 118
えのきと切り干し大根のナムル 118

キャロットラペ 119
ごぼうとくるみのラペ 119

うずら卵のピクルス 120
ひじきとひよこ豆の和風ピクルス 120
プチトマトのハニーピクルス 120
野菜のピクルス 120

コラム
朝起きてすぐ、サラダができる！ 122
おすすめオイル＆ソルト 124

おわりに 126

本書の料理を作る前に
- 材料の表記は1カップ＝200ml、大さじ1＝15ml、小さじ1＝5mlです。
- 電子レンジの加熱時間は500Wのものを使用した場合です。
- レシピには目安となる分量や調理時間を表記しておりますが、様子を見ながら加減してください。
- 「野菜を洗う」「皮をむく」「ヘタを取る」などの基本的な下ごしらえは省略しているものもあります。
- ドレッシングの作り方は作りやすい分量を表記しております。適量を使ってください。
- レシピで「油」と書いてあるものは米油、「砂糖」はきび砂糖がおすすめです。ない場合は、お好みのものを使ってください。

肌に食べさせる!
美養サラダの3カ条

適正体重の健康的な体と、ツヤやハリのある美しい肌。
そのためにたっぷり食べてほしいのが、私の提案する美養サラダです。
肌に食べさせるつもりで、毎日飽きずにおいしく食べるコツを紹介!

Method 1

サラダだけで完結するオールインワンのコンプリートディッシュ

毎日の食事のメインをサラダにしてみませんか？
肉や魚もプラスしたボリュームサラダなら、
おいしくておなかも満足！

野菜の組み合わせで相乗効果

1つの野菜だけをたくさん使ったサラダでは、体に必要な栄養はとれません。いろいろな色、食感、香りや味わいの野菜を組み合わせることで、栄養も満足感もアップ！ デトックス効果も期待できます。

栄養のトータルバランスを重視

野菜だけで完成するサラダは栄養が偏りがち。タンパク質をプラスするのも重要です。肉や魚だけでなく、卵やチーズ、ナッツや豆類など、工夫してとれば毎日おなかいっぱい、楽しみながら続けることができます。

Method 2 ドレッシングが決め手

毎日飽きずに続けるには、ドレッシングも重要アイテム。メインの野菜に合わせたおいしいドレッシングがあると、満足感が違います。

濃いめの味で飽きさせない

サラダというとさっぱりとヘルシーなものをイメージしがちですが、食事の主役にするにはどうしてもも の足りなさを感じることに。ドレッシングは具材感のあるしっかりめの味つけがおすすめ。満足感が違います。

手作りで味のバリエーションを

市販のドレッシングでもOKですが、手作りなら、同じレシピでもオイルや塩、酢やスパイスの種類を変えるだけで、味わいのバリエーションは無限大。毎日違う味わいが楽しめるのも、長続きのポイントに。

Method 3 いいオイルをしっかりとる

高カロリーのオイルは敬遠されがち。
でもいいオイルをしっかりとることは、
体調を整え、エイジングケアにも効果的。
野菜をおいしくする役割も見逃せません。

野菜とオイルの相性

オイルは旨味、コクがあり、サラダをおいしくする力があります。また野菜にオイルをまぶしてから調味すれば、野菜の水分がキープされ、食感よく、よりおいしく食べられるというメリットもあるんです。

ノンオイルにこだわるのはナンセンス！

オイルのとりすぎはよくないですが、オメガ3などの必要なオイルをきちんと選んでとれば、体の機能が整い、結果的に上手にデトックスできるように（P80参照）。仕上げにスプーン一杯プラスするなど、適量を上手にとることを覚えましょう。

サラダカスタムの方程式

家にある野菜で手軽に作れるサラダなら、続けられる！
バランスよく満足度の高いオリジナルサラダをバリエーション豊かに作るには、サラダカスタムの方程式を頭に入れましょう。

メインの野菜

メインになる野菜は、主にロメインレタスやサラダほうれんそう、クレソンなどの葉野菜をチョイス。複数を組み合わせてもいいでしょう。ベジヌードルならズッキーニやにんじん、大根がおすすめです。

plus

組み合わせ野菜

組み合わせるのは、きゅうりやトマト、きのこや海藻など、食感や味わいの違いが楽しめるものがおすすめです。じゃがいもやアボカドをプラスすれば、おなかも満足の食べごたえに。

ドレッシングをON!

ドレッシングは具材感のあるものならからみもよく、より満足感が出ます。彩りも考えて。

タンパク質をON!

蒸し鶏やゆで豚、卵、シーフード、ツナ、豆腐、ベーコンなど、手軽で良質なタンパク質をプラスしてバランスよく。

クリスプ感や旨味をON!

ナッツやじゃこなどのトッピングで食感に変化を。塩昆布などで旨味をプラスすれば、野菜がよりおいしく。

フレーバーや香りをON!

果物や香味野菜もサラダをランクアップ。食べている途中でプラスするのも手。飽きずに最後まで食べられます。

MAKE A CLEAN *from* SALAD

PART 1

グリーン野菜で美養サラダ

美養効果の高いグリーン野菜をベースに、
トッピングとドレッシングの工夫で
毎日おいしく、たっぷり野菜を食べられて
体も喜ぶ、自慢のレシピを集めました。

Romaine lettuce

ダイエットサラダの代表選手

食べごたえがあり、満腹中枢を刺激、
おなかも膨れるので食べすぎ防止にも。
免疫力アップのβ-カロテン、
女性にうれしい葉酸を含みます。

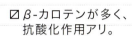

ロメインレタスのここがすごい！

- β-カロテンが多く、抗酸化作用アリ。
- 妊娠1カ月前から摂取することが必要な葉酸も含有。
- 手に入らない場合はレタスやリーフレタスで代用しても。
- 葉が肉厚で、水分が多く調理しやすい。
- かみごたえがあり、さっと加熱して食べてもおいしい。

BEST MATCH!

相性のいい食材

\食べごたえアップ/
アボカド

\キリッとした辛味/
クレソン

\良質なタンパク質/
鶏肉

\栄養満点食材/
卵

相性のいいドレッシング

テッパンの組み合わせ
アンチョビシーザードレッシング
→ P18

ほろ苦さと酸味でさっぱり
パセリヨーグルトドレッシング
→ P36

甘味と酸味のバランスが◎
ハニーマスタードドレッシング
→ P27

具材感アリ、ボリュームアップ
玉ねぎドレッシング
→ P33

ひと皿で大満足のボリューム感

ロメインレタスとアボカドのシーザーサラダ

材料　1人分

ロメインレタス…4〜5枚(150g)
ケール…2枚(50g)
アボカド…1/2個
蒸し鶏(下記参照)…1/2枚分
アーモンドスライス…15g
アンチョビシーザードレッシング
　(右記参照)…適量

蒸し鶏の作り方
▼
鶏むね肉(皮なし)1/2枚(100g)を耐熱皿にのせ、塩、こしょう各少々、白ワイン大さじ1をふってふんわりとラップをかけ、電子レンジで5分ほど加熱し、そのまま粗熱をとる。

作り方

1　ロメインレタス、ケールは葉の部分を一口大に切る。アボカド、蒸し鶏は2cm角に切る。アーモンドは軽く色づくまでフライパンでからいりする。

2　器に①の野菜、蒸し鶏を盛り合わせ、アーモンドを散らし、ドレッシングをかける。

アンチョビシーザードレッシング

玉ねぎ1/4個、りんご1/3個は一口大に切る。にんにく1片、アンチョビ2枚、油150ml、りんご酢1/4カップ、しょうゆ大さじ2、白すりごま小さじ2、粗びき黒こしょう、ガーリックパウダー各小さじ1/4と合わせてミキサーで攪拌する。

アーモンドが香ばしさと食感のアクセントになります。

◇効能◇
グリーン野菜たっぷりで便秘・むくみをダブル解消

効能　海藻のフコイダンに、免疫力を上げる効果あり

ピリ辛こっくりドレッシングがよく合う
ロメインレタスの韓国風サラダ

材料　1人分

- ロメインレタス…4〜5枚(150g)
- きゅうり…1本
- パプリカ(赤、黄)…合わせて1/2個
- 長ねぎ…1/3本
- 海藻ミックス(乾燥)…12g
- 油揚げ…1枚
- 白いりごま…少々
- コチュジャンドレッシング(右記参照)
  …適量

作り方

1. ロメインレタスは一口大に切る。きゅうり、パプリカは太めのせん切り、長ねぎは斜め薄切りにして水にさらす。海藻ミックスは水につけてもどす。油揚げは2cm角に切り、フライパンで軽く色づくまでからいりする。
2. 器に野菜と海藻を盛り合わせ、ごまをふり、ドレッシングをかける。油揚げを散らす。

コチュジャンドレッシング

ごま油大さじ2、米酢、コチュジャン各大さじ1、しょうゆ小さじ1/4、白すりごま、砂糖各小さじ1/2をよく混ぜ合わせる。

SALAD Point　食感の違う食材の組み合わせで飽きずに食べられます。

効能
チーズで不足しがちなカルシウムを補給

食欲をそそる華やかサラダ
ロメインレタスのコブサラダ

材料 1人分

ロメインレタス…4〜5枚（150g）
きゅうり…1/2本
パプリカ（赤・黄）…合わせて1/4個（30g）
プロセスチーズ…40g
オリーブ（黒）…4〜5個
とうもろこし…1/3本
　＊またはホールコーン…大さじ3
トマトドレッシング（右記参照）…適量

作り方

1　ロメインレタスは一口大に切る。他の野菜とチーズは1cm角、オリーブは5mm幅の輪切りにする。とうもろこしは3分ほどゆで、包丁で実をそぎ切る。
2　器に①を盛り合わせ、ドレッシングをかける。

トマトドレッシング

玉ねぎ1/4個を1cm角に、トマト1個を一口大に切り、塩小さじ1/2、オリーブオイル1/4カップ、酢1/4カップとともにミキサーで攪拌する。30分〜1時間くらい寝かせるとよりおいしい。

SALAD Point　切って盛るだけの手軽さもうれしい！見た目も鮮やか。

Baby leaf

サラダ界のマルチビタミン

ルッコラ、レタスなどの若い葉たちを
集めているから、ビタミンの宝庫
β-カロテンなどの栄養価もバッチリで
肌に効くサラダに。

✚ Baby leaf
ベビーリーフのここがすごい！

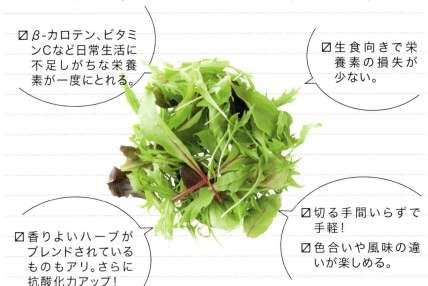

- ☑ β-カロテン、ビタミンCなど日常生活に不足しがちな栄養素が一度にとれる。
- ☑ 生食向きで栄養素の損失が少ない。
- ☑ 香りよいハーブがブレンドされているものもアリ。さらに抗酸化力アップ！
- ☑ 切る手間いらずで手軽！
- ☑ 色合いや風味の違いが楽しめる。

BEST MATCH!

相性のいい食材

＼さわやかな香り／	＼歯ざわりさっくり／	＼抗酸化作用アリ／	＼香ばしさアップ／
ハーブ	豆苗	サーモン	ナッツ

相性のいいドレッシング

＼甘味とコクがやみつきに／	＼アンチョビの旨味が広がる／	＼やさしい味わいが好相性／	＼みんな大好き定番味／
バルサミコドレッシング → P24	アンチョビシーザードレッシング → P18	ハニーマスタードドレッシング → P27	玉ねぎドレッシング → P33

食物繊維がたっぷりとれる
ベビーリーフと
きのこマリネのサラダ

材料 1人分

- ベビーリーフ…1袋(50g)
- ロメインレタス…2〜3枚(50g)
- ケール…2枚(50g)
- ブロッコリー…1/4個(50g)
- きのこのマリネ(下記参照)…100g
- バルサミコドレッシング(右記参照)…適量

作り方

1. ロメインレタスとケールは一口大に切り、ベビーリーフと合わせる。ブロッコリーは小房に分けてゆでる。
2. 器に野菜とマリネを盛り合わせ、ドレッシングをかける。

バルサミコドレッシング

オリーブオイル150ml、バルサミコ酢大さじ2、玉ねぎ30g、にんにく1片、砂糖小さじ1、塩、こしょう各少々を合わせてミキサーで攪拌する。

きのこのマリネの作り方(作りやすい分量)

しめじ1パックはほぐす。エリンギ2〜3本は食べやすく切る。フライパンにオリーブオイル大さじ3を熱し、きのこを炒め、しんなりしたら雑穀ミックス(加熱済みのもの)80g、にんにくのみじん切り1片分、赤唐辛子の小口切り1本分を加えてさらに炒める。白ワインビネガー(または酢)大さじ2を加え、塩、こしょうで味をととのえ、味をなじませる。

きのこのマリネは葉野菜と合わせるのはもちろん、バゲットなどにのせてブルスケッタ風にしてもおいしい。

SALAD Point — マリネは作りおきが重宝。のせるだけで満足のひと皿に。

> 効能
>
> 食物繊維豊富な
> きのこで便秘解
> 消にも

25

やわらかく食べやすさ抜群。たっぷりとどうぞ
ベビーリーフと
ズッキーニソテーのサラダ

材料 1人分

- ベビーリーフ…1袋(50g)
- ブロッコリー…1/4個(50g)
- きゅうり…1/2本
- プチトマト…3個
- ズッキーニ(緑・黄) …合わせて1本
- 油…小さじ2
- A ┌ 粉チーズ…大さじ1
  └ 塩…少々
- ハニーマスタードドレッシング(右記参照)…適量

作り方

1. ブロッコリーは小房に分けてゆでる。きゅうりは斜め薄切り、プチトマトは8等分に切る。
2. ズッキーニは5mm幅の輪切りにする。フライパンに油を熱し、ズッキーニの両面を焼き、Aをふる。
3. 器に野菜を盛り合わせ、ドレッシングをかける。チャービル少々(分量外)を飾る。

SALAD Point ズッキーニはかぼちゃの仲間。β-カロテンを含みます。

ハニーマスタードドレッシング

オリーブオイル大さじ2、粒マスタード、はちみつ、りんご酢各大さじ1、しょうゆ小さじ1をよく混ぜ合わせる。

ほくほくとした食感も楽しい
ベビーリーフと
ミックスビーンズマリネのサラダ

材料 1人分

- ベビーリーフ…1袋(50g)
- 豆苗…1/4袋(30g)
- カッテージチーズ…大さじ2〜3
- ミックスビーンズのマリネ(P115参照) …100g
- 粗びき黒こしょう…少々

作り方

1. 豆苗は3等分に切ってベビーリーフと合わせる。
2. 器に①を盛り、ミックスビーンズのマリネをのせ、チーズを散らす。黒こしょうをふる。

 SALAD Point 豆苗を加えて食感に変化をつけます。

Salad spinach

―

トップ オブ アンチエイジング！

アクが少なく生食OK、サラダ向きなので
ビタミンを逃さない！。
体の機能をアップする栄養素が満載です。
アンチエイジングのためにはコレ！。

+ Salad spinach

サラダほうれんそうのここがすごい！

☑ アクが少なくやわらかでサラダ向き。

☑ 油脂と一緒にとることでβ-カロテンの吸収アップ。

☑ 抗酸化作用の強いβ-カロテンやビタミンCが豊富。

☑ 生食可能で栄養素の損失が少ないというメリットも。

☑ 鉄、葉酸、マグネシウムなどミネラルを多く含み、貧血予防に。

BEST MATCH!

相性のいい食材

\ 色合いもきれい / ベビーリーフ

\ 食物繊維たっぷり / きのこ

\ 甘味と食感が好相性 / りんご

\ さらに栄養価アップ / ブロッコリー

相性のいいドレッシング

\ 体を温め免疫力アップ / しょうがドレッシング → P44

\ ほどよい甘味と酸味が合う / バルサミコドレッシング → P24

\ キレイな色合いで目からも栄養 / にんじんドレッシング → P54

\ かんきつの酸味さわやか / レモンマヨネーズドレッシング → P80

しょうがの香りと辛味ですっきり味
サラダほうれんそうと豆腐のしょうが風味サラダ

材料 1人分

- サラダほうれんそう…70g
- 豆苗…1/4袋(50g)
- かぶ…1/2個(50g)
- ベビーコーン(水煮)…3本
- スナップえんどう…3本
- しょうが…2かけ
- 豆腐(木綿)…1丁
- シークワーサードレッシング
  (右記参照)…適量

作り方

1. 豆腐は軽く水きりをする。ほうれんそうは2～3等分、豆苗は3cm長さに切る。かぶは一口大、しょうがはせん切りにする。スナップえんどうはゆでて縦に開く。ベビーコーンは1cm幅の小口切りにする。
2. 器に野菜を盛り合わせ、豆腐を一口大にちぎりながらのせる。しょうがをのせ、ドレッシングをかける。

シークワーサードレッシング

しょうゆ大さじ1、りんご酢、ごま油各大さじ1、シークワーサーのしぼり汁大さじ2、はちみつ大さじ1、塩ひとつまみをよく混ぜ合わせる。

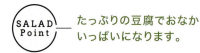

SALAD Point — たっぷりの豆腐でおなかいっぱいになります。

［効能］
たっぷりしょうがの
トッピングで冷え
性の改善にも

31

効能　滋養強壮パワーの強い黒米で体力と気力アップ

野菜を細かく刻んで食べやすさ抜群
サラダほうれんそうとりんごの黒米サラダ

材料　1人分

- サラダほうれんそう…60g
- ロメインレタス…2〜3枚(50g)
- ベビーリーフ…1/2袋(25g)
- ブロッコリー…1/4個(50g)
- ベビーコーン(水煮)…4本
- りんご…1/4個(50g)
- 黒米…50g
- バルサミコドレッシング(P24参照)…適量

作り方

1. 葉野菜はすべて小さめのざく切りにする。ブロッコリーは小房に分けてゆでる。ベビーコーンは2〜3mm幅の小口切り、りんごは皮つきのまま1cm角に切る。黒米は8分ほど、かためにゆでる。
2. ①をすべて合わせてドレッシングであえ、器に盛る。

 りんごのシャキシャキとほのかな甘味がアクセントに。

[効能 サーモンに含まれるDHA、EPAでストレス緩和]

手軽なサーモンでバランスアップ
サラダほうれんそうとサーモンマリネのサラダ

材料　1人分

- サラダほうれんそう…50g
- サーモンのマリネ(P115参照)…80g
- ベビーリーフ…50g
- 紫玉ねぎ…1/6個
- 豆苗…1/4袋(30g)
- きゅうり…1/2本
- ラディッシュ…1個
- 玉ねぎドレッシング(右記参照)…適量

SALAD Point　サーモンが栄養と見た目の鮮やかさをアップ。

作り方

1. 葉野菜はすべてざく切りにする。豆苗は3cm長さ、きゅうり、ラディッシュは薄い輪切りに、玉ねぎは薄切りにする。
2. 器に①とサーモンを盛り合わせ、ドレッシングをかける。

玉ねぎドレッシング

玉ねぎ3/4個(130g)は一口大に切る。ごま油大さじ5、米油(またはサラダ油)2/3カップ、りんご酢1/2カップ、しょうゆ大さじ1/2、砂糖大さじ1と1/3、塩小さじ1/4とともにミキサーで攪拌する。

Broccoli

肌あれ回復の最強食材

強い抗酸化作用を持つ
ビタミンA、C、Eをすべて含みます。
美肌効果は抜群、さらに免疫力アップ、
がん予防と大活躍の野菜です。

✚ Broccoli

ブロッコリーのここがすごい！

- ☑ 茎の部分にも栄養成分が豊富。
- ☑ 油脂と一緒にとるとビタミンA、Eの吸収アップ。
- ☑ 抗酸化ビタミンA、C、Eの他、食物繊維、カリウムなど栄養満載。
- ☑ 加熱してもかさが減らず、食べごたえバッチリ。
- ☑ がんの予防や血管のエイジングケアに。
- ☑ アクが少なく子どもにも食べやすい。

BEST MATCH!

相性のいい食材

- ＼疲労回復に／ グリーンアスパラ
- ＼美肌を作る／ トマト
- ＼β-カロテンを補強／ にんじん
- ＼アンチエイジングに／ くるみ

相性のいいドレッシング

- ＼緑に映える色合いもきれい／ にんじんドレッシング → P54
- ＼飽きずに食べられる／ アンチョビシーザードレッシング → P18
- ＼かんきつのさわやかさが合う／ レモンマヨネーズドレッシング → P80
- ＼どんなオイルでもおいしい／ 玉ねぎドレッシング → P33

あっさりタルタルが好相性
ブロッコリーの タルタルサラダ

材料 1人分

- ブロッコリー…小1/2個(80g)
- アボカド…1/2個
- にんじん…1/3本
- リーフレタス…2〜3枚
- むきえび…10尾
- ゆで卵…1個
- 大根おろし…5cm分
- A ┌ しょうゆ…小さじ1
-   └ マヨネーズ…大さじ1と1/2
- 粉チーズ、粗びき黒こしょう…各少々
- パセリヨーグルトドレッシング(下記参照)…適量

作り方

1. ブロッコリーは小房に分けてゆでる。アボカドは一口大に、にんじんは薄い半月切りにする。えびは2分ほどゆでる。
2. ゆで卵は刻んで大根おろしと混ぜ、Aを混ぜる。
3. 器にちぎったレタス、①を盛り合わせ、②をのせ、ドレッシングをかける。粉チーズ、黒こしょうをふり、イタリアンパセリ少々(分量外)を飾る。

パセリヨーグルトドレッシング

プレーンヨーグルト(無糖)60g、オリーブオイル大さじ1、白ワインビネガー小さじ2、塩ひとつまみ、こしょう少々、イタリアンパセリ(またはパセリ)10gをミキサーで撹拌する。

タルタルソースは大根おろしを加えてあっさりと。ゆで野菜、生野菜の他、パンに合わせたり、魚のソテーに添えたりするのもおすすめ。

SALAD Point あっさりでも食べごたえのあるタルタルで満足感アリ。

野菜の甘味が堪能できる
ブロッコリーと焼き野菜のサラダ

効能
たっぷりの根菜でおなか満足、食物繊維も満載

材料　1人分

ブロッコリー…1/4個(50g)
豆苗…1/4袋(30g)
ロメインレタス…2〜3枚(80g)
れんこん…1/3節
にんじん…1/3本
かぼちゃ…50g
さつまいも…50g
玉ねぎドレッシング(P33参照)…適量

作り方

1　ブロッコリーは小房に分けてゆでる。豆苗は半分に、レタスは一口大に切る。

2　根菜はそれぞれ7〜8mm幅の輪切りか半月切りにして耐熱皿にのせ、ふんわりとラップをして電子レンジで2分加熱する。フライパンを熱し、軽く焼き色がつくまで両面を焼く。

3　①、②を器に盛り合わせ、ドレッシングをかける。

SALAD Point　野菜は焼くことで旨味と甘味がグンとアップ。

パスタが入って朝ごはんにも
ブロッコリーとツナのパスタサラダ

[効能
手軽なツナでバランスアップ。美肌効果も]

材料　1人分

ブロッコリー…1/2個(100g)
紫玉ねぎ…小1/4個
ツナ缶…50g
ショートパスタ(フジッリなど)…70g
スプラウト(レッドキャベツなど)…1/2パック
A ┌ オリーブオイル…大さじ2
　└ 塩、こしょう…各少々
バルサミコドレッシング(P24参照)…適量

作り方

1　パスタは表示時間通りにゆで、Aの半量をからめる。ブロッコリーは小房に分けてゆでる。玉ねぎは薄切りにし、水にさらす。ツナは油をきる。

2　パスタと水けをきった玉ねぎ、ツナを合わせ、残りのAであえる。

3　器にブロッコリー、②を盛り、スプラウトを散らし、ドレッシングをかける。

SALAD Point　色つきのスプラウト、玉ねぎで見た目もきれい。

Broccoli sprout

―

デトックス効果抜群

スプラウトは、野菜や豆などの新芽のこと。
特にブロッコリーのスプラウトは
スルフォラファンという成分を多く含み、
デトックス効果が高いのが魅力です。

✚ Broccoli sprout
ブロッコリースプラウトのここがすごい！

- ☑ 解毒作用の強いスルフォラファンが豊富でデトックスに。
- ☑ スルフォラファンはがん予防にも効果的。
- ☑ 生長のパワー満載で、成熟したブロッコリーよりも栄養価が高い！
- ☑ クセがなく、やわらかくて食べやすい。そのままサラダにのせればOK。
- ☑ 解毒作用は約3日間継続。食べる頻度は3日に1回でもOK。

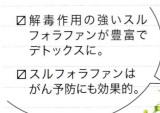

BEST MATCH!

相性のいい食材

\血液サラサラ効果/	\ビタミンCの宝庫/	\手軽な良質タンパク質/	\食感のアクセントに/
玉ねぎ	パプリカ	ツナ	ナッツ

相性のいいドレッシング

\アンチョビが味の決め手/	\トマトの旨味が広がる/	\酸味が効いてさわやか/	\香りと酸味ですっきり味/
アンチョビシーザードレッシング	トマトドレッシング	シークワーサードレッシング	パセリヨーグルトドレッシング
→ P18	→ P21	→ P30	→ P36

食物繊維満載のひと皿に
スプラウトとチリコンカンのサラダ

材料 1人分

スプラウト（ブロッコリー）…30g
チリコンカン（下記参照）…80g
ロメインレタス…3〜4枚（100g）
ケール…2枚（50g）
アンチョビシーザードレッシング（P18参照）
　…適量
クラッカー…2枚

作り方

1. ロメインレタス、ケールは一口大に切る。
2. 器に①を盛り、スプラウト、チリコンカン、くだいたクラッカーをのせる。ドレッシングをかける。

チリコンカンの作り方（作りやすい分量）

❶大豆ミート150gは湯につけてもどし、水けをきって1cm角に切る。
❷フライパンにオリーブオイル大さじ3とにんにくのみじん切り1片分を入れて弱火で熱し、香りが出たら玉ねぎのみじん切り1/2個分を炒め、透き通ってきたらカットトマト缶1缶、大豆ミート、ひよこ豆（水煮）200gを加え汁けがなくなるまで煮る。
❸ドライタイム、ドライオレガノ、クミンパウダー、カイエンヌペッパー各小さじ1/2を加え、塩、粗びき黒こしょう各少々で味をととのえる。

大豆100%の大豆ミートは水でもどすと肉のような食感に。低脂肪、高タンパクで肉の代わりに使えば満足感を増しつつぐっとヘルシーに。

SALAD Point ─ かみごたえのあるチリコンカンを添えてひと皿でもおなかいっぱい。

◇効能◇
豊富な食物繊維で便秘も解消、腸内環境も◎

43

しょうがの風味ですっきり味
スプラウトと蒸し鶏、白いんげん豆のサラダ

効能 蒸し鶏をプラスして疲労回復効果アップ

材料　1人分

- スプラウト(ブロッコリー)…30g
- 蒸し鶏(P18参照)…50g
- トマト…1個
- 白いんげん豆(水煮缶)…80g
- サラダほうれんそう…30g
- しょうがドレッシング(右記参照)…適量

作り方

1. 蒸し鶏は細かくさく。トマト、ほうれんそうは一口大に切る。
2. ①とスプラウト、いんげん豆を合わせて器に盛り、ドレッシングをかける。

しょうがドレッシング

おろししょうが20g、りんご酢大さじ1、はちみつ、しょうゆ各小さじ1、油大さじ2、オリーブオイル小さじ1をよく混ぜ合わせる。

 SALAD Point 豆はタンパク質や食物繊維の供給源。常備しておくと便利です。

そばやごまもエイジングケアに◎
スプラウトとそばのサラダ

[効能]
そばのルチンが毛細血管を丈夫にして血行促進

材料　1人分

スプラウト(ブロッコリー、レッドキャベツ)
　…合わせて30g
にんじん…1/3本
きゅうり…1/2本
レタス…2枚
トマト…1個
みつば…2本
日本そば(乾麺)…1人分(100g)
ごまドレッシング(右記参照)…適量

SALAD Point 野菜は生食でビタミンの損失を抑えて。そばもサラダに合う食材です。

作り方

1　にんじん、きゅうりはせん切りにする。レタス、トマトは一口大に切る。そばは表示通りにゆでて冷水にとって締め、水けをしぼる。

2　器に①、スプラウトを盛り合わせ、食べやすく切ったみつばをのせ、ドレッシングをかける。

ごまドレッシング

白練りごま、プレーンヨーグルト(無糖)各大さじ1、ごま油大さじ2、りんご酢、しょうゆ各小さじ1、にんにく1片をミキサーで撹拌する。

Mizuna

ニキビ、ふきでもの対策に

各種ビタミンのほか、カリウム、
カルシウム、鉄などミネラルも豊富。
デトックス作用、整腸作用もあるので、
便秘による肌あれに効果アリ。

✚ Mizuna

水菜のここがすごい!

☑ β-カロテン、ビタミンC、Eを含み、肌の健康をキープ。

☑ 粘膜を丈夫にして風邪予防にも。

☑ おひたし、鍋料理など、さっと加熱してもおいしい。

☑ 不足しがちな鉄やカルシウムなどミネラル豊富。

BEST MATCH! 相性のいい食材

\ デトックス効果◎ /

スプラウト

\ 栄養価は抜群 /

アボカド

\ 強い抗酸化作用 /

トマト

\ 消化吸収がいい
タンパク源 /

鶏肉

相性のいいドレッシング

\ 冷え性の人
にもおすすめ /

しょうが
ドレッシング
⟶ P44

\ クリーミー系も
よく合う /

パセリヨーグルト
ドレッシング
⟶ P36

\ かんきつの
さわやかな酸味 /

シークワーサー
ドレッシング
⟶ P30

\ 旨味成分が
脳を活性化 /

トマト
ドレッシング
⟶ P21

栄養豊富なディップをトッピング
水菜のワカモレサラダ

| 材料 | 1人分 |

水菜…4株(80g)
ベビーリーフ…1/2袋
きゅうり…1/2本
プチトマト…2個
ワカモレ(下記参照)…全量
アサイードレッシング(下記参照)…適量

| 作り方 |

1. 水菜は3cm長さに、きゅうりは斜め薄切りにする。プチトマトは4つ割りにする。
2. ①とベビーリーフを合わせて器に盛り、ワカモレをのせ、ドレッシングをかける。

ワカモレの作り方(1人分)
▼
トマト1/2個は種を除き、細かく刻む。紫玉ねぎ30gはみじん切り、アボカド1個は一口大に切る。すべてボウルに入れ、レモン汁小さじ1、塩、こしょう各少々を加え、アボカドをつぶしながら混ぜる。

アサイードレッシング
クリームチーズ30g、玉ねぎ30g、りんご酢1/4カップ、油1カップ、アサイーパウダー小さじ1、塩、こしょう各少々をミキサーで攪拌する。
*アサイーパウダーが手に入らなければ、入れなくてもOKです。

ワカモレは好みで刻んだ香菜を加えても。そのままチップスを添えて手軽なおつまみに、パンにはさんでサンドイッチに、など使い勝手のいいディップです。

 コクのあるワカモレを添えて、食べごたえも満点。

[効能]
水菜、アボカドとともに食物繊維がたっぷり

ごま油の香りがふわり
水菜とピータンの中華サラダ

材料 1人分

水菜…4株(80g)
長ねぎ…15cm(30g)
切り干し大根…50g
ピータン…1個
中華風ドレッシング(右記参照)…適量

 食感を残したい
切り干し大根は、さっと
もみ洗いすればOK。

作り方

1　水菜は5cm長さに、長ねぎは斜め薄切りにして水にさらす。切り干し大根はたっぷりの水でもみ洗いし、水けをしぼる。

2　器に①を盛り合わせ、4つ割りにしたピータンを添え、ドレッシングをかける。

中華風ドレッシング

ごま油大さじ2、ポン酢しょうゆ大さじ1、白いりごま適量をよく混ぜる。

香味野菜を合わせて食欲増進
水菜と厚揚げの和風サラダ

材料 1人分

水菜…4株(80g)
きゅうり…1/2本
みつば…5〜6本
えのきだけ…1/2袋
みょうが…1個
厚揚げ…1枚(100g)
A ┌ ごま油…大さじ1
　├ しょうゆ…小さじ1
　└ おろししょうが…少々
しょうがドレッシング(P44参照)…適量
削り節…少々

作り方

1　水菜、みつばは5cm長さに、きゅうりは斜め薄切りにする。えのきはほぐし、さっと熱湯をかける。みょうがは斜め薄切りにする。

2　厚揚げは3cm角に切り、グリルまたはフライパンでこんがりと焼き、Aをからめる。

3　器に①を盛り合わせ、②をのせてドレッシングをかけ、削り節をふる。

 厚揚げはさっと熱湯をかけると油臭さがとれます。

Cresson

弱った胃腸を整える

クレソンの和名はみずがらし。
独特の辛味があり、食欲増進、
消化吸収を助け、胃がすっきり。
ビタミンA、C、Eそろい踏みで老化予防も。

✚ Cresson
クレソンのここがすごい！

- ☑ β-カロテン、ビタミンC、Eが美肌をキープ。免疫力アップにも。
- ☑ 独特の辛味はシニグリンという抗酸化物質。
- ☑ カルシウム、ビタミンKを含み骨粗しょう症予防にも。
- ☑ 口臭予防効果アリ。
- ☑ サラダはもちろんおひたしにしてもおいしい！

BEST MATCH!

相性のいい食材

生でサラダに	強い抗酸化作用	食べごたえアップ	スタミナアップ
マッシュルーム	スプラウト	にんじん	牛肉

相性のいいドレッシング

ほのかな甘味が好相性	肝機能アップでデトックス	血液サラサラ	ほどよい酸味で疲労回復
バルサミコドレッシング → P24	ごまドレッシング → P45	玉ねぎドレッシング → P33	レモンマヨネーズドレッシング → P80

具だくさんで見た目も楽しい
クレソンのニース風サラダ

材料 1人分

- クレソン…1束(50g)
- じゃがいも…1個
- グリーンアスパラ…1〜2本
- オリーブ(黒・種抜き)…2〜3個
- ゆで卵…1個
- サーモンのマリネ(P115参照)…70g
- マイクロトマト…10粒
- にんじんドレッシング(下記参照)…適量

にんじんドレッシング

にんじん1本、玉ねぎ1/2個は一口大に切り、りんご酢170ml、油1カップ、砂糖小さじ2、塩小さじ1、こしょう少々と合わせてミキサーで攪拌する。

作り方

1. クレソンは3等分に切る。じゃがいもは一口大に切り、耐熱皿にのせ、ふんわりとラップをかけて電子レンジで3分ほど、竹串がすっと通るようになるまで加熱する。アスパラは3〜4等分に切ってゆでる。オリーブは薄切り、ゆで卵は一口大に切る。
2. 器に①とサーモン、トマトを盛り合わせ、ドレッシングをかける。

サーモンは抗酸化作用の強いアスタキサンチンが豊富。サラダとの相性もいいので、マリネにしておくと重宝。

SALAD Point じゃがいもはレンジ加熱が早くて簡単。
ビタミンCの損失も最小限。

[効能]
豊富なビタミンC
とタンパク質で
美肌効果抜群

効能
ビタミンCとタンパク質が鉄の吸収をアップ

たっぷり食べられるテッパンの組み合わせ
クレソンのシンプルサラダ

材料　1人分

クレソン…1束(50g)
レタス…2～3枚
ベーコン(厚切り)…50g
A ┌ レモン汁…小さじ2
　├ オリーブオイル…大さじ1
　├ 塩…少々
　└ 粉チーズ…大さじ2

作り方

1　クレソンは3等分に切る。レタスは太めのせん切りにする。ベーコンは5mm幅に切る。
2　フライパンを熱し、ベーコンをこんがりするまで炒める。
3　①、②を合わせて器に盛り、Aを順にかける。

SALAD Point — 炒めたベーコンの脂はペーパーでとると、カリッと仕上がります。

効能　ビタミンB1＋ビタミンCですみやかに疲労回復

クレソン＋玉ねぎで血液サラサラ
クレソンと豚しゃぶのサラダ

材料　1人分

クレソン…1束(50g)
レタス…2〜3枚
紫玉ねぎ…1/2個
スプラウト(ブロッコリー)…30g
豚しゃぶしゃぶ用肉…100g
ごまドレッシング(P45参照)…適量

作り方

1. クレソンは3等分に切る。レタスはせん切り、玉ねぎは薄切りにして水にさらす。
2. 豚肉は色が変わるまでゆでて冷水にとり水けをとる。
3. ①とスプラウトを合わせて器に盛り、②をのせ、ドレッシングをかける。

SALAD Point　豚肉は加熱しすぎないよう、冷水で手早く冷まし、水けをとります。

Kale

食べるフェイシャルエステ

ビタミンCやβ-カロテン、カルシウムなど
栄養豊富で青汁にもよく使われるケール。
肌が疲れ気味だと感じたら、
真っ先にとりたい野菜です。

+ Kale

ケールのここがすごい！

- ☑ 野菜の中では上位に入るビタミン類やミネラルをバランスよく含有。美肌の強い味方。
- ☑ 食物繊維も豊富で腸内環境を整える。
- ☑ フルーツと合わせてジュースの材料にも。
- ☑ カルシウムを多く含み、肥満対策、骨粗しょう症予防に。
- ☑ メラトニンという成分が寝つきをよくして良質な睡眠を導く。

BEST MATCH!

相性のいい食材

\ 腸の働きをよくする /

りんご

\ 食物繊維豊富 /

豆

\ 栄養価も最強コンビ /

アボカド

\ 彩り豊かなひと皿に /

パプリカ

相性のいいドレッシング

\ にんにくの香りがそそる /

アンチョビシーザー
ドレッシング
⟶ P18

\ ほどよい甘味と旨味 /

バルサミコ
ドレッシング
⟶ P24

\ ケールの苦味をマイルドに /

パセリヨーグルト
ドレッシング
⟶ P36

\ 抗酸化力抜群 /

ごま
ドレッシング
⟶ P45

59

牛肉を添えてスタミナ満載
ケールと牛肉の タリアータのサラダ

材料　1人分

ケール…4枚(100g)
牛ステーキ用肉…1枚
A ┌ 塩、こしょう、ドライハーブミックス
　 │　　…各少々
　 └ マカダミアナッツオイル…大さじ1
岩塩…少々
オリーブオイル…小さじ2
ラディッシュ(薄切り)…少々
パルミジャーノチーズ(削る)、
ナッツ(アーモンドなど)…各適量

作り方

1　ケールは一口大にちぎり、マカダミアナッツオイル少々(分量外)をからめて軽くもみ、岩塩をふる。
2　フライパンにオリーブオイルを熱し、Aをまぶした牛肉を好みの加減に焼き、そぎ切りにする。
3　器に②、①を盛り、ラディッシュ、チーズ、粗く刻んだアーモンドを散らす。

memo　牛肉は低脂肪の部位を

牛肉はなるべくももなどの赤身肉を選んで、動物性脂質のとりすぎを防いで。焼きすぎるとかたくなってしまうので、ほんのりと赤みが残るくらいで火からおろします。

SALAD Point　マカダミアナッツオイルがない場合は、オリーブオイルで代用を。

効能　最強のビタミン、ミネラルバランスで体を元気に

Cucumber

真夏の日焼け、クールダウンに

夏野菜には体を冷やす効果が。
カリウムも豊富で体内の塩分、
水分をコントロールしむくみも解消。
デトックスにもつながります。

✚ Cucumber
きゅうりのここがすごい！

- ☑ カリウムが豊富で、体内の塩分や老廃物の排出に。
- ☑ 皮に含まれるククルビタシンには抗がん作用アリ。
- ☑ 体にこもった熱を排出。のぼせの改善に。
- ☑ 太さが均一で緑が鮮やかなものが良品。

BEST MATCH!

相性のいい食材

\ 体の冷えすぎ予防 /

しょうが

\ 食欲のないときに /

ハーブ

\ ミネラル補給に /

切り干し大根

\ 疲れを撃退 /

豚肉

相性のいいドレッシング

\ すっきり味で食欲増進 /

パセリヨーグルトドレッシング
⟶ P36

\ 体にこもった熱を冷ます /

トマトドレッシング
⟶ P21

\ 血行を促進 /

玉ねぎドレッシング
⟶ P33

\ 抗酸化パワーをプラス /

ごまドレッシング
⟶ P45

とろろ昆布とおかかの和風味
きゅうりと夏野菜のサラダ

材料 1人分

きゅうり…1本
セロリ…15g
オクラ…2本
豆苗…1/4袋(30g)
マイクロトマト…10粒
とろろ昆布…ふたつまみ
削り節…少々
トマトドレッシング(P21参照)…適量

作り方

1 きゅうりは乱切り、セロリは斜め切りにする。オクラはゆでて縦半分に切る。豆苗は3等分に切る。

2 ①とトマトを器に盛り合わせ、とろろ昆布、削り節をふる。ドレッシング(好みでタバスコ少々を加えて)をかける。

memo 小さくても栄養満点

マイクロトマトは、直径1cmにも満たない小粒のトマト。見た目もかわいいし、小さくてもリコピンなどの栄養はしっかり含んでいます。サラダの飾りにあると便利なので、お店で見かけたらぜひ。

ドレッシングにタバスコを加えると、味の引き締め役に。

［効能］
夏の野菜で体の熱を冷まし、熱中症対策に

Coriander

夏バテ回復の救世主

エスニック料理に多く使われる香菜（パクチー）は
体を温め、胃腸の調子を整えるので
暑さや冷房で疲れた体に最適。
独特の香り成分にはデトックス効果も。

✚ Coriander

香菜（パクチー）のここがすごい！

☑ 消化を促進、胃腸の調子を整える。
☑ 老廃物を体外に排出するパワーを持つ。

☑ 体を温める効果があり、冷え性の人におすすめ。

☑ 緊張をほぐし、イライラをやわらげる効果も。

☑ 湿らせたキッチンペーパーに包み、ポリ袋に入れて冷蔵庫へ入れると長持ちする。

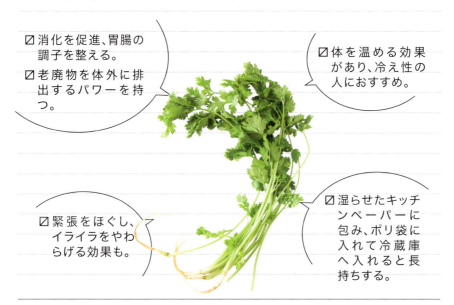

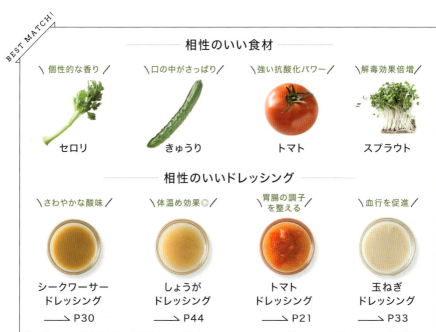

BEST MATCH!

相性のいい食材

＼個性的な香り／ セロリ
＼口の中がさっぱり／ きゅうり
＼強い抗酸化パワー／ トマト
＼解毒効果倍増／ スプラウト

相性のいいドレッシング

＼さわやかな酸味／ シークワーサードレッシング → P30
＼体温め効果◎／ しょうがドレッシング → P44
＼胃腸の調子を整える／ トマトドレッシング → P21
＼血行を促進／ 玉ねぎドレッシング → P33

たっぷりの春雨でボリューム満点
香菜と春雨のサラダ

材料　1人分

香菜…100g
セロリ…1/2本(50g)
紫玉ねぎ…30g
きゅうり…1/2本
蒸し鶏(P18参照)…50g
春雨(乾燥)…100g
トマト…1/2個
ピーナッツ(刻む)…少々
ナンプラードレッシング(下記参照)…適量

作り方

1. 春雨は表示通りにゆで、水けをきって冷ます。蒸し鶏はほぐす。香菜はざく切り、きゅうりは乱切り、セロリは斜め切りにする。玉ねぎは薄切りにして水にさらす。トマトはくし形切りにする。
2. 器に春雨を盛り、香菜以外の①の野菜をのせる。香菜、蒸し鶏、ピーナッツをのせ、ドレッシングをかける。

ナンプラードレッシング

太白ごま油、ナンプラー、かぼす(またはライム)のしぼり汁各大さじ1、砂糖小さじ1、はちみつ小さじ1/2、にんにく1/4片、しょうが1/4かけをミキサーで撹拌する。

蒸し鶏は良質なタンパク質の補給源としておすすめ。ささみで同様に作ってもOKです。蒸し汁につけたまま保存すればしっとり感がキープ。

ピーナッツを散らして、食感のアクセントに。ビタミンE補給にも。

[効能] 胃腸を整えて夏バテや冷房対策にも

Chinese cabbage

—

冬の風邪予防サラダ

鍋料理に欠かせない白菜ですが、
サラダでもおいしく食べられます。
冬に不足しがちなビタミンC供給源として、
風邪を予防し免疫力の高い体に。

+ Chinese cabbage
白菜のここがすごい！

- ☑ 100gあたり14kcalと低カロリー。
- ☑ ビタミンCは芯に近い部分に多く含まれる。

- ☑ サラダならビタミンCを効率的にとれる。冬の風邪予防に。

- ☑ がん予防に期待大のイソチオシアネートを含有。

- ☑ 筋肉の動きをよくするカリウム豊富。
- ☑ 腸を潤す働きがあり、便秘解消に効果的。

BEST MATCH!

相性のいい食材

\ 強い抗酸化力 /

にんじん

\ 整腸作用アリ /

りんご

\ アンチエイジング /

アボカド

\ ヨウ素が代謝アップ /

昆布

相性のいいドレッシング

\ 体を温める効果抜群 /

しょうが
ドレッシング
→ P44

\ 強い抗酸化作用 /

ごま
ドレッシング
→ P45

\ どんな食材にも合わせやすい /

アンチョビシーザー
ドレッシング
→ P18

\ 野菜にからみやすい /

パセリヨーグルト
ドレッシング
→ P36

ツナと塩昆布の旨味で飽きさせない
白菜とツナの和風サラダ

効能
ビタミンCとタンパク質で冬の肌を内側から健康に

材料 1人分

白菜…2枚(150g)
ツナ缶…50g
塩昆布…7g
A ［ 米酢、ごま油…各大さじ1
削り節…適量

作り方

1 白菜は食べやすい大きさに切る。
2 ボウルに白菜、油をきったツナ、塩昆布を入れてざっと混ぜ、合わせたAを加えてあえる。器に盛り、削り節をのせる。

旨味食材をプラスして、
白菜の淡泊な味を補います。

甘めのドレッシングが好相性
白菜とりんごの
ブルーチーズサラダ

効能

りんごやくるみで
さらに美肌効果
アップ

材料　1人分

白菜…2枚(150g)
りんご…1/8個(30g)
ブルーチーズ…20g
くるみ(ロースト)…15g
メープルドレッシング(右記参照)
　　…適量

作り方

1　白菜は食べやすい大きさに切る。くるみは粗くくだく。りんごは皮つきのまま一口大の薄切りにする。

2　白菜とりんごを合わせて器に盛り、くるみを散らし、チーズをちぎりながらのせる。ドレッシングをかける。

メープルドレッシング

オリーブオイル大さじ2、メープルシロップ大さじ1と1/2、白ワインビネガー、粒マスタード各大さじ1、しょうゆ少々をよく混ぜ合わせる。

チーズとくるみを合わせて、ワインにも合う前菜風のひと皿に。

Purple cabbage
Table beet

シミ、シワに色素パワー

グリーン野菜だけでなく、紫野菜もおすすめ。
色素成分に強い抗酸化作用があり、
美肌作り、アンチエイジングに
積極的に利用したい野菜たちです。

✚ Purple cabbage　Table beet
紫キャベツ、ビーツのここがすごい！

- ☑ キャベツと同様に ビタミンCが豊富。
- ☑ 胃粘膜を修復する ビタミンUもたっぷり。
- ☑ 色素成分はアントシアニン。目や肝臓の働きを改善。

- ☑ 天然のオリゴ糖、食物繊維が 腸内環境を整える。
- ☑ 色素成分は強い抗酸化作用を 持つベタシアニン。
- ☑ 手軽な缶詰も重宝。

BEST MATCH!

相性のいい食材

＼酸で色鮮やかに／	＼カルシウム豊富／	＼健康効果抜群／	＼華やかさをプラス／
レモン	チーズ	ブロッコリー	トマト

相性のいいドレッシング

＼抗酸化作用をプラス／	＼血液サラサラ効果／	＼ほんのりやさしい甘味／	＼色の対比も楽しい／
アサイー ドレッシング → P48	玉ねぎ ドレッシング → P33	バルサミコ ドレッシング → P24	レモンマヨネーズ ドレッシング → P80

いつもと違う雰囲気のサラダに
紫キャベツとビーツのサラダ

材料　1人分

紫キャベツ…100g
ブロッコリー…1/4個(50g)
トマト…小1個
ビーツ…50g
キヌア…50g
ベビーリーフ…1/2袋(25g)
蒸し鶏(P18参照)…50g
イタリアンパセリ…2〜3本
アサイードレッシング(P48参照)…適量

作り方

1　紫キャベツは一口大にちぎる。ブロッコリーは小房に分けてゆでる。トマトは4〜8つ割りにする。蒸し鶏はそぎ切りにする。
2　ビーツはゆでて(左記参照)皮をむき、1cm角に切る。キヌアは表示通りにゆで、ビーツと合わせておく。
3　器にベビーリーフを盛り、①を盛り合わせ、②をのせる。パセリの葉を散らし、ドレッシングをかける。

ビーツの下ごしらえはこうします！

ビーツは皮つきのまま水とともに鍋に入れて火にかけ、沸騰後30分ほどゆでる。また皮つきのままオーブンで焼いても。オーブンで焼くときは水分を逃がさないよう、アルミホイルで包み、190℃で1時間を目安に、竹串が中まですっと刺さるまで焼く。

ボルシチの材料として知られるビーツ。しっかり加熱することで独特の土臭さがやわらいで甘味が出ます。手軽に缶詰を使っても。

SALAD Point　鮮やかな色を一皿に。キヌアもビーツで色づけしました。

◇効能◇
蒸し鶏とキヌアで栄養満点。抗酸化作用も抜群

効能
アントシアニンが肝機能アップ。デトックスに

ヨーグルトベースの味つけであっさりと
紫キャベツのコールスロー

材料　作りやすい分量

紫キャベツ…1/4個
ホールコーン缶…小1缶
塩…少々
A ┌ プレーンヨーグルト(無糖)…大さじ3
　 │ りんご酢…大さじ1
　 └ 塩、粗びき黒こしょう…各少々

作り方

1　キャベツはせん切りにし塩をふり、水けが出てきたら軽くもむ。
2　①の水けをしぼり、コーンと合わせ、Aを加えてあえる。チャービル少々(分量外)を飾る。

SALAD Point ── 常備菜としてもおすすめの一品です。アクセントにコーンをプラス。

ほんのりやさしい甘味と色合い
ビーツのタブレサラダ

[効能 クスクスで満足感を出しつつ、ダイエットに]

材料　1人分

- キヌア…30g
- クスクス…20g
- パプリカ(赤、黄)…合わせて1/4個
- セロリ…20g
- ビーツ(缶詰)…20g
- ベビーリーフ…1/2袋(25g)
- オリーブオイル…大さじ1
- クリームチーズ…20g
- 粗塩、粗びき黒こしょう…各少々

作り方

1. ビーツは5mm角に切る(缶汁大さじ1をとり分けておく)。キヌアは表示通りにゆでる。パプリカ、セロリは5mm角に切る。
2. ボウルにクスクスを入れ、熱湯1カップ、①のビーツの缶汁を加えて混ぜ、ふたをして5分ほど蒸らす。水けをきってキヌア、オリーブオイル、①の野菜を加えて混ぜる。
3. 器にベビーリーフ、②を盛り、クリームチーズをのせ、塩、黒こしょうをふる。

SALAD Point ─ ビーツの色素でピンクのタブレになり、見た目も華やか。

column

オイルマスターのドレッシング講座

体に必要な「いい油」って？　油の性質を知って、自分に合った油をチョイスしましょう!

・ オイルの特徴と使い方 ・

ドレッシング用には使いやすい米油、エキストラバージンオリーブオイル、ごま油などを。
加熱用にはココナッツオイル、アボカドオイル、オリーブオイルなどを使っています。
仕上げにえごま油やココナッツオイルなどをふりかけるのもおすすめ。

オメガ3系

体内で合成することができず、食事からとる必要のある必須脂肪酸、α-リノレン酸などを含む油。中性脂肪値を下げたり、脳の活性化にも。加熱すると酸化してしまうので、ドレッシング向き。

― 代表的なオイル ―
- えごま油
- アマニ油など

オメガ6系

子どもの発育に必要なリノール酸が主体。ただしとり過ぎはアレルギーやガンのリスクを高めるため、現代人は意識して控えめにしたい油です。スナック菓子などにも多く含まれます。

― 代表的なオイル ―
- ごま油
- 大豆油
- グレープシードオイル
- コーン油など

オメガ9系

主にオレイン酸を多く含む油です。体内でも合成可能。動脈硬化や高血圧を予防する働きがあります。保湿力が高いという特徴も。比較的酸化されにくいので、炒め油などにも向いています。

― 代表的なオイル ―
- オリーブオイル
- 米油 ・紅花油
- 菜種油
- マカダミアナッツオイル
- アボカドオイルなど

・ ドレッシングのレシピ ・

PART1で紹介されなかったドレッシングのレシピはこちら。

ほのかな辛味が引き締め役

わさびマヨネーズ ドレッシング

おろしわさび10g、しょうゆ小さじ1/2、マヨネーズ大さじ2をよく混ぜ、生クリーム大さじ2を加えて混ぜる。

レモンの酸味でさっぱり

レモンマヨネーズ ドレッシング

レモン汁大さじ1、マヨネーズ大さじ2、塩、こしょう各少々をよく混ぜ、生クリーム大さじ2を加えて混ぜる。

さわやかなハーブが香る

ハーブヨーグルト ドレッシング

プレーンヨーグルト(無糖)大さじ3、りんご酢大さじ2、おろし玉ねぎ1/4個分、はちみつ大さじ1と1/2、塩、こしょう各少々、ドライハーブミックス少々をよく混ぜる。
＊ドライハーブは好みのものでOK

PART 2

MAKE A CLEAN from SALAD

定番野菜で ヘルシーベジヌードル

細長くカットした野菜を麺に見立てた
「ベジヌードル」がいま巷では大人気！
いつもの野菜が主食代わりに食べられて、
楽しみながら体を変えることができるんです。

Zucchini

ダイエットの新兵器

味も食感も、まるでパスタ！
糖質オフにもぴったり、食べごたえ満点の
ダイエット向き食材です。
むくみを解消するカリウムも豊富。

✚ Zucchini

ズッキーニのここがすごい！

- ☐ 100gあたり14kcalと低カロリー。たっぷり食べても安心。
- ☐ カリウムが豊富でむくみ対策に。
- ☐ 生でも、加熱してもおいしい。
- ☐ 淡泊な味わい。どんな食材とも好相性。
- ☐ 独特の歯ごたえでベジヌードル向き。
- ☐ 油脂と一緒に調理するとβ-カロテンの吸収がアップ。
- ☐ 緑、黄色、丸形、長細形とさまざまな種類アリ。

BEST MATCH！ 相性のいい食材

＼ラタトゥイユに／ なす
＼免疫力アップ／ パプリカ
＼リラックス効果／ バジル
＼抗酸化力アップ／ トマト

さっぱり味でたくさん食べられる
ズッキーニと小えびの
レモンバターソース

材料　1人分

ズッキーニ…1本
むきえび…4〜6尾
A ┌ レモン汁…小さじ2
　 └ 水…大さじ1
塩、こしょう…各少々
バター…25g
レモン(くし形切り)…1切れ

作り方

1　ズッキーニはベジヌードルカッターで麺状にする。
2　フライパンにバターを熱し、えびを炒める。色が変わったらズッキーニを加えてひと炒めする。
3　Aを加え、塩、こしょうで味をととのえる。器に盛り、レモンを添え、チャービル少々(分量外)を飾る。

ズッキーニやにんじんをらせん状に細長くカットするのに便利なのが、ベジヌードルカッター。野菜を刃に当て、くるくるとまわしながらカットします。いろんな種類のカッターが出回っているので、使い勝手のいいものを選んで。

SALAD Point — レモンの酸味を効かせてさっぱり仕上げます。

◇効能◇
高タンパクのえびを合わせて疲労回復効果。

⟨効能⟩ 良質なタンパク質と合わせて新陳代謝促進

黒こしょうをたっぷりふってどうぞ
ズッキーニの
カレーカルボナーラ風

材料 1人分

ズッキーニ…1本
ベーコン(厚切り)…50g
A ┌ 生クリーム…1/2カップ
　 │ 卵黄…1個分
　 └ カレー粉…小さじ1/4
塩、こしょう…各少々
オリーブオイル…小さじ1
粉チーズ、粗びき黒こしょう…各少々

作り方

1. ズッキーニはベジヌードルカッターで麺状にする。ベーコンは5mm幅に切る。Aは合わせておく。
2. フライパンにオリーブオイルを熱し、ベーコンを炒める。カリッとしたらAを加え、弱火で軽く煮つめる。
3. ズッキーニを加えてひと炒めし、とろみがついたら塩、こしょうで味をととのえる。器に盛り、粉チーズ、黒こしょうをふり、タイム少々(分量外)を飾る。

SALAD Point カレーの香りを効かせると飽きずに食べられます。

効能
練りごまやナッツのビタミンEで血行促進効果も

食べごたえ満点！夏のランチにぴったり
ズッキーニの ごまだれ冷やし中華風

材料　1人分

ズッキーニ…1本
蒸し鶏(P18参照)、トマト、スプラウト…各適量
ナッツ(アーモンド、くるみなど・粗く刻む)…少々
A ┌ 白練りごま…30g
  │ 牛乳…大さじ3
  │ りんご酢…大さじ1と1/3
  │ めんつゆ(3倍濃縮)…小さじ2
  └ 砂糖…小さじ1

作り方

1. ズッキーニはベジヌードルカッターで麺状にする。トマトは一口大に切る。蒸し鶏は食べやすくほぐす。Aは合わせておく。
2. 器にズッキーニを盛り、合わせておいたAをかけ、トマト、蒸し鶏、スプラウトをのせる。ナッツを散らす。

 生のままで、独特の歯ごたえを楽しみます。

Carrot

活性酸素から身を守る

β-カロテンの含有量はダントツ。
抗酸化作用に期待大の野菜です。
栄養素は皮のすぐ下に多いので
皮は薄くむくのがコツ。

✚ Carrot

にんじんのここがすごい！

- ☑ β-カロテンの含有率は野菜のトップクラス。
- ☑ 強い抗酸化作用でアンチエイジングや免疫力アップに。
- ☑ ほどよい歯ごたえで、満足感もアップ。
- ☑ β-カロテンが体内でビタミンAに変わり、色を見る力をサポート。
- ☑ 油脂と一緒にとるとβ-カロテンの吸収率がグンとアップ。

BEST MATCH!

――― 相性のいい食材 ―――

＼ビタミンC豊富／　オレンジ

＼ミネラルたっぷり／　ほうれんそう

＼リラックス効果／　セロリ

＼抗酸化力の相乗効果／　トマト

エネルギーは抑えつつ食べごたえ満点
にんじんとツナのアラビアータ

材料　1人分

にんじん…1本
ツナ缶…50g
トマトソース(下記参照)…120ml
水…大さじ4
にんにく(つぶす)…1片
赤唐辛子…1本
オリーブオイル…大さじ1
塩…ひとつまみ

作り方

1　にんじんはベジヌードルカッターで麺状にする。ツナは油をきる。
2　フライパンにオリーブオイルとにんにく、赤唐辛子を入れて弱火で熱し、香りが出たらトマトソース、水を加え、煮立ったらにんじんとツナを加えてひと炒めする。器に盛り、タイム少々(分量外)を飾る。

トマトソースの作り方(作りやすい分量)
▼
フライパンにオリーブオイル大さじ1、つぶしたにんにく1片を入れて弱火で熱し、香りが出たらみじん切りにした玉ねぎ1/2個、にんじん1/3本、セロリ1/4本を加えて中火で炒める。カットトマト缶1缶、水1/4カップを加え、沸騰したらアクをとり、5～6分煮つめる。

プレーンなトマトソースはパスタやピザトースト、鶏肉や魚のソテーのソースとしても重宝します。多めに作って小分けにし、冷凍しておくと便利です。

SALAD Point　トマトソースを作りおきしておけば、あっという間に完成します。

［効能］
にんじん＋トマトで動脈硬化や老化防止に

アボカドとトマトをソース代わりに
にんじんのアボカドトマトパスタ風

効能 — 抗酸化力の強い食材を集めてエイジングケアに

材料　1人分

にんじん…1本
アボカド…1/2個
トマト…1個
にんにく(つぶす)…1片
アンチョビ…2枚
水…1/3カップ
オリーブオイル…大さじ2

作り方

1. にんじんはベジヌードルカッターで麺状にし、耐熱皿にのせてふんわりとラップをかけ、電子レンジで20～30秒加熱する。アボカド、トマトは一口大に切る。
2. フライパンにオリーブオイルとにんにくを入れて弱火で熱し、香りが出たらアンチョビを加えて炒める。
3. トマト、アボカド、水を加えて中火で炒め、とろりとしたらにんじんを加えてひと炒めする。器に盛り、一口大に切ったアボカド適量(分量外)、バジル少々(分量外)をのせる。

SALAD Point ― アボカド、トマトを炒めるととろりとからみもよくなります。

> 効能
> クリームチーズの ソースでカルシウ ムもプラス

ダイエット中も安心の野菜スイーツ
にんじんの オレンジクリームデザート

材料 1人分

にんじん…1本
A ┌ クリームチーズ(室温に戻す)…100g
　├ きび砂糖…大さじ2
　└ オレンジジュース…3/4カップ
シナモンパウダー、スライスアーモンド、
セミドライいちじく、ミント、
シナモンスティック(あれば)…各少々

作り方

1. にんじんはベジヌードルカッターで麺状にし、耐熱皿にのせてふんわりとラップをかけ、電子レンジで20～30秒加熱する。Aのチーズに砂糖を混ぜ、オレンジジュースを少しずつ加えてなめらかなソース状になるまで混ぜる。
2. 器ににんじんを盛り、Aをかけ、シナモン、アーモンドをふり、食べやすく切ったいちじく、ミント、シナモンを添える。

 シナモンの香りがアクセント。
いちじくは他のドライフルーツでも。

Japanese radish

—

天然の消化酵素が豊富

ジアスターゼなどの消化酵素を含み、
胃腸の調子を整える大根。
ピーラーでリボン状にすると、
見た目のボリューム感もバッチリです。

+ Japanese radish

大根のここがすごい!

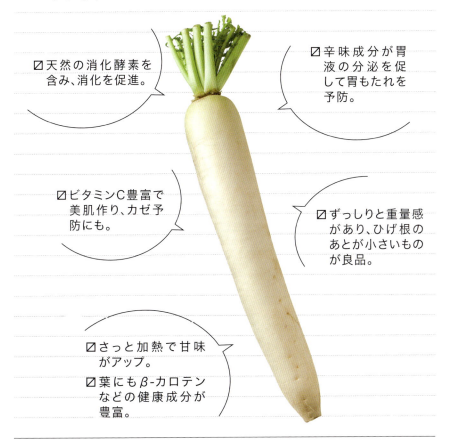

- ☑ 天然の消化酵素を含み、消化を促進。
- ☑ 辛味成分が胃液の分泌を促して胃もたれを予防。
- ☑ ビタミンC豊富で美肌作り、カゼ予防にも。
- ☑ ずっしりと重量感があり、ひげ根のあとが小さいものが良品。
- ☑ さっと加熱で甘味がアップ。
- ☑ 葉にもβ-カロテンなどの健康成分が豊富。

BEST MATCH!

相性のいい食材

- ＼疲労回復に／ 豚肉
- ＼食べる美容液／ アボカド
- ＼温め効果抜群／ しょうが
- ＼ビタミンCを強化／ レモン

きのこの旨味をたっぷりまとわせます
大根のきのこクリームパスタ風

材料　1人分

大根…80g
まいたけ…1パック
えのきだけ…1/2袋
バター…10g
生クリーム…1/2カップ
塩、こしょう、粗びき黒こしょう、粉チーズ
　…各少々

作り方

1　大根はピーラーでリボン状にする。まいたけ、えのきだけは食べやすくほぐす。
2　フライパンにバターを熱してきのこを炒め、しんなりしたら生クリーム、塩、こしょうを加えてとろみが出るまで軽く煮つめる。
3　大根を加えてひと炒めし、器に盛り、黒こしょう、粉チーズをふる。チャービル少々(分量外)を飾る。

memo 好みのきのこでOK！

きのこは、まいたけやえのきだけの他、しいたけ、しめじ、エリンギ、マッシュルームなど、好みのきのこで作ってもおいしくできます。

　クリーム系も大根ならあっさり、食感もよく飽きがきません。

〈効能〉
きのこの食物繊維をプラスして腸からキレイに

効能 卵黄のレシチンと合わせてコレステロール抑制

卵黄をたっぷりからめてどうぞ
大根のすき焼きうどん風

材料 1人分

大根…80g
長ねぎ…1/3本
豚バラ薄切り肉…2〜3枚
砂糖…大さじ1
A ┌ 水…1/2カップ
　└ めんつゆ(3倍濃縮)…大さじ2
卵黄…1個分
白いりごま、万能ねぎ(小口切り)…各少々

作り方

1. 大根はピーラーでリボン状にする。長ねぎは斜め切りにする。豚肉は4等分に切る。
2. フライパンを熱し、豚肉を炒め、色が変わったら砂糖をふる。Aを加えてひと煮立ちさせる。
3. 長ねぎを加え、しんなりしたら大根を加えてふたをし、ひと煮する。器に盛り、卵黄をのせ、ごま、万能ねぎをふる。

 定番の甘辛味で箸が進みます。バラ肉で食べごたえアップ。

効能 野菜を組み合わせてデトックス効果もアップ

めんつゆを加えた和風仕立て
大根のぶっかけそうめん風

材料　1人分

大根…80g
きゅうり、貝割れ…各適量
A ┌ セロリ(みじん切り)…1/2本
　├ 玉ねぎ(みじん切り)…1/4個
　├ トマトジュース(無塩)…1カップ
　└ めんつゆ(3倍濃縮)…大さじ2
オリーブオイル…小さじ2
白いりごま…少々

作り方

1　大根はピーラーでリボン状にして耐熱皿にのせ、ふんわりとラップをかけて電子レンジで20〜30秒加熱し、水洗いして水けをきる。きゅうりは太めのせん切りにする。

2　器に、合わせたAを注ぎ、大根を盛り、きゅうり、貝割れをのせ、オリーブオイル、ごまをふる。

 大根はさっとレンジ加熱することで食べやすさが増します。

Japanese yam

独特の"ぬめり"が胃を守る!

ぬめり成分が胃粘膜を保護、胃腸の調子を整え、便秘も解消します。
消化酵素を含み、体力回復にはもってこい。疲れを感じたときにおすすめです。

✚ Japanese yam

長いものここがすごい!

☑ 消化酵素を含み、胃腸の調子を整える。

☑ ぬめり成分が胃粘膜を保護。

☑ 食後の血糖値上昇を抑える効果も。

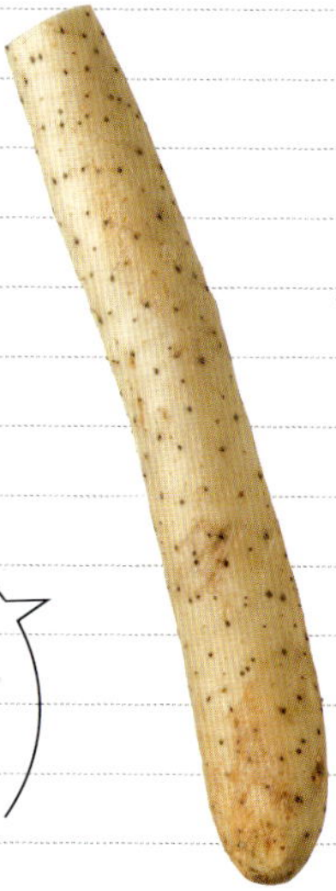

☑ 疲労回復に効果的なビタミンB群も含有。

☑ 生なら酵素たっぷり。加熱する場合は短い時間で。

BEST MATCH!

─── 相性のいい食材 ───

＼血行をよくする／

長ねぎ

＼栄養価満点／

卵

＼食物繊維豊富／

きのこ

＼必須アミノ酸／

削り節

効能
食物繊維と良質なタンパク質で体質強化

ひと皿で栄養バランスバッチリ
長いもとえのきのオムスパ風

材料　作りやすい分量

長いも…100g
えのきだけ…1/4袋
長ねぎ…5〜6cm
卵…2個
A ┌ ケチャップ…大さじ1
　├ しょうゆ、みりん…各小さじ1
　└ カレー粉…小さじ1/2
油…大さじ2

作り方

1　長いもはピーラーでリボン状にする。長ねぎは斜め薄切りに、えのきはほぐす。Aは合わせておく。
2　フライパンに油大さじ1を熱し、えのき、長ねぎを炒める。しんなりしたら長いもを加えてひと炒めし、Aを加えて混ぜ、器に盛る。
3　②のフライパンをきれいにして油大さじ1を熱し、溶きほぐした卵を半熟状に炒める。②にのせ、ケチャップ適量(分量外)をかける。タイム少々(分量外)を飾る。

 炒めた長いもに、とろとろの卵がよく合います。

Snow peas leaf

肌のハリ、ツヤをキープ

豆苗は絹さやの若い芽。生でも、さっと加熱しても
シャキッとした歯ざわりが残ります。ビタミンが豊富です。

➕ Snow peas leaf
豆苗のここがすごい！

- ☑ 不溶性食物繊維が多く、便のかさ増しで内側からスッキリ。
- ☑ 野菜の中でも群を抜く栄養バランス。
- ☑ 生でも、加熱してもおいしい。
- ☑ ビタミンB群が豊富。代謝を上げ、燃焼促進。
- ☑ 残った根、豆の部分を水につけておくと再収穫できる。

BEST MATCH！　　相性のいい食材

＼デトックス効果／	＼貧血予防／	＼抗酸化力増強／	＼老化予防／
スプラウト	ほうれんそう	トマト	ナッツ

さば缶の汁も使ってお手軽調理
豆苗とさば缶の
エスニックめん風

[効能]
さば缶でEPAを追加、ダイエット効果アリ

材料　1人分

豆苗…1/2袋
ズッキーニ…1/2本
さばみそ煮缶…1缶
A ┌ さば缶の缶汁…大さじ3
　├ 白練りごま、酢…各大さじ2
　├ コチュジャン…大さじ1
　└ ナンプラー…小さじ1/2
プチトマト、白いりごま…各少々

作り方

1　豆苗は耐熱皿にのせ、ふんわりとラップをかけ、電子レンジで10〜20秒加熱し、冷水にとって水けをきる。ズッキーニはベジヌードルカッターで麺状にする。

2　ボウルに①とさばの身を入れ、合わせたAであえて器に盛り、プチトマトをのせ、ごまをふる。

 軽くレンジ加熱することでしんなりと、麺風の食感に。

column
使い方によって、塩を選んでみよう！

塩はサラダをおいしくするのにとても重要な調味料。
味つけはもちろん、下ごしらえにも塩は大活躍です。

◆ 塩の使い方 ◆

—— 01 ——
サラダ全体の味の決め手

野菜に塩味をつけるのが塩の大切な役割。ストレートに塩分を感じるもの、ミネラル豊富で旨味のあるものなど、素材や好みで使い分けるといいでしょう。油をからめてから塩をふると、食感がパリッと。

—— 02 ——
野菜の水分を出す

野菜の水分をほどよく除くのも塩です。水分が抜けるとかさが減り、やわらかくなって食べやすくなります。他の調味料の味が入りやすいという利点も。塩をまぶしてしんなりさせてから軽くもみます。

こんなに違う！ 塩の味わい

塩とひと口に言ってもたくさんの種類が出回っています。
使い勝手や風味の違いで好みのものを見つけて。

焼き塩

サラサラとした焼き塩は、まんべんなく全体に塩をふりたいときに向いています。ドレッシングにもよくなじみ、使い勝手のいい塩です。

粗塩

大きい粒でしっとりした塩が粗塩。調味はもちろん野菜の塩もみ、肉や魚の下味つけなど、全般的に使えます。仕上げに使えば、少量でも舌に直接触れてストレートに塩分を感じることができます。

岩塩

岩塩はミネラル豊富で塩けがマイルドなのが特徴。粒の大きなものは仕上げにふるのにも向いています。こちらも直接舌に触れて塩分をしっかり感じられます。カリッとした食感も。

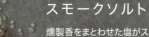

ハーブソルト

ドライハーブやスパイスがブレンドされています。ガーリックパウダーや、色づけのドライビーツなどがプラスされているものも。プレーンなドレッシングに使えば、味わいに変化がつきます。

スモークソルト

燻製香をまとわせた塩がスモークソルト。野菜はもちろん、肉、魚のグリルにもよく合います。仕上げにひとふりして、塩けと香りのアクセントに。

PART 3
MAKE A CLEAN SALAD from

作りおきで便利!
寝かせ美養液サラダ

時間のあるときに作っておけば、
サラダが無理なく毎日続けられる!
寝かすほどおいしい野菜料理と
野菜にぴったりのトッピングを紹介します。

加熱に強いビタミンC豊富
ポテトサラダ4種

［効能］
ビタミンA、C、Eで
抜群の抗酸化力

［効能］
ヨーグルトで
乳酸菌プラス

［効能］
ディルが胃腸の
調子を整える

［効能］
ひじきと豆乳で
髪や肌を美しく

アンチョビトマトポテトサラダ

材料 作りやすい分量

じゃがいも(一口大に切る)…2個
トマト(種を除いて1cm角に切る)…1個
オリーブ(黒・5mm角に切る)…2～3個
アンチョビ(5mm角に切る)…1枚
バジル(せん切りにする)…2枚
オリーブオイル…大さじ1
A ┌ 粉チーズ、塩、しょう…各少々

作り方

1 トマト、オリーブ、アンチョビ、バジルは合わせてオリーブオイルであえ、冷蔵庫で冷やす。
2 じゃがいもは耐熱皿にのせ、ふんわりとラップをかけて電子レンジで3分ほど、竹串がすっと通るようになるまで加熱する。熱いうちに粗くつぶし、Aを加えて混ぜる。
3 ②の粗熱がとれたら①を加えて混ぜる。器に盛り、バジル少々(分量外)を飾る。

シンプルポテトサラダ

材料 作りやすい分量

じゃがいも(一口大に切る)…2個
A ┌ オリーブオイル…小さじ1
  └ ガーリックパウダー、塩、しょう…各少々
B ┌ プレーンヨーグルト(無糖)…大さじ3
  │ 粒マスタード…小さじ1
  └ 粗びき黒こしょう…少々

作り方

1 じゃがいもは上記作り方2と同様に加熱し、熱いうちに粗くつぶし、Aを加えて混ぜる。
2 粗熱がとれたらBを加えて混ぜ、器に盛り、黒こしょうをふる。

ディルとチーズのポテトサラダ

材料 作りやすい分量

じゃがいも(一口大に切る)…2個
ディル(5mm幅に刻む)…適量
A ┌ バター…10g
  │ アーモンドミルク(または豆乳)…大さじ3
  └ カッテージチーズ…30g
塩、こしょう…各少々

作り方

1 じゃがいもは上記作り方2と同様に加熱し、熱いうちに粗くつぶし、Aを加えて混ぜる。
2 ①のじゃがいもの粗熱がとれたらディルを加えて混ぜ、塩、こしょうで味をととのえる。器に盛り、刻んだディル適量(分量外)をふる。

ひじき入り和風ポテトサラダ

材料 作りやすい分量

じゃがいも(一口大に切る)…2個
ひじき(水につけてもどしたもの)…20g
万能ねぎ(小口切り)…2本
A 豆乳(成分無調整)…大さじ2
  みそ…小さじ1/2
  マヨネーズ…大さじ1

作り方

1 じゃがいもは上記作り方2と同様に加熱し、熱いうちに粗くつぶす。
2 ボウルにAを合わせ、ひじきを加えて混ぜる。粗熱のとれたじゃがいも、万能ねぎを加えて混ぜる。

さまざまな野菜の栄養をひと皿に
夏野菜のラタトゥイユ

材料 作りやすい分量

- ズッキーニ…1本
- なす…2本
- 玉ねぎ…1/2個
- カットトマト缶…1缶
- 水…大さじ3
- にんにく(つぶす) …1片
- ローリエ…1枚
- オリーブオイル…大さじ3
- 塩、こしょう…各適量

作り方

1. 野菜はすべて2cm角に切る。
2. フライパンにオリーブオイルとにんにくを入れて弱火で熱し、香りが出たら①を中火で炒め、塩、こしょうをふる。
3. しんなりしたらトマト缶、水、ローリエを加えて弱火で15分ほど煮込む。塩で味をととのえ、器に盛り、チャービル少々(分量外)を飾る。

memo アレンジも自在！

ラタトゥイユは、そのまま食べるのはもちろん、パスタやオムレツ、魚のソテーのソースにしてもおいしくいただけます。仕上げにアボカドオイル大さじ1をプラスすると、さらに栄養価がアップ。

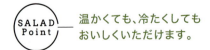

SALAD Point ― 温かくても、冷たくしてもおいしくいただけます。

そのままでもおいしい常備菜
ミックスビーンズのマリネ

効能: 数種の豆でミネラルバランスバッチリ

材料　作りやすい分量

ミックスビーンズ缶…1缶(120g)
ベーコン…2枚
にんにく(みじん切り)…1/2片
A ┌ 玉ねぎ(みじん切りにし水にさらす)…1/4個
　├ セロリ(みじん切り)…10g
　├ 白ワインビネガー…小さじ1
　└ オリーブオイル…大さじ1
塩、こしょう…各少々

作り方

1 ミックスビーンズはさっと熱湯をかける。ベーコンは5mm幅に切る。
2 フライパンを熱し、ベーコン、にんにくを炒める。
3 ミックスビーンズと②を合わせ、Aを加えてあえ、味をなじませる。食べるときにイタリアンパセリ少々(分量外)を飾る。

SALAD Point — ベーコンを加えることで満足感が出ます。

野菜との相性のよさは抜群
サーモンのマリネ

効能: 抗酸化作用の強いアスタキサンチンが豊富

材料　作りやすい分量

スモークサーモン(スライス)…100g
A ┌ オリーブオイル…大さじ2
　├ レモン汁…大さじ1
　└ 塩…少々
粗びき黒こしょう…少々

作り方

1 サーモンにAをからめ、こしょうをふって味をなじませる。食べるときにディル少々(分量外)を飾る。

 仕上げにえごま油をひとふりするのもおすすめです。

115

旨味豊富な汁も使って風味よく仕上げて
シーフードのマリネ

材料 作りやすい分量

シーフードミックス（冷凍）…250g
えび…4尾
A ┌ にんにく（つぶす）…1/2片
　├ 玉ねぎ（みじん切り）…1/6個
　├ セロリ（みじん切り）…1/4本（20g）
　└ 白ワイン…1/4カップ
B ┌ オリーブオイル…大さじ2
　├ 白ワインビネガー…大さじ1
　├ ドライハーブ（タイム、ローズマリーなど）…少々
　└ 塩、こしょう…各少々

作り方

1　フライパンにシーフードミックス（凍ったままでOK）、Aを入れて中火にかけ、ふっくらするまで炒める。えびは背わたを取って2分ほどゆで、粗熱がとれたら尾のひと節を残して殻をむく。

2　①のフライパンの汁大さじ1とBを合わせ、シーフードミックスとえびを加えてからめ、味をなじませる。食べるときにタイム少々（分量外）を飾る。

SALAD Point　白ワインなどで炒めることで、臭みがとれます。

焼くことで野菜の甘味が凝縮
グリル野菜のマリネ

材料 作りやすい分量

かぼちゃ…1/4個
コールラビ（紫）…1個
れんこん…1/2節
ズッキーニ（緑・黄）…1本
ベビーコーン（水煮）…5本
ミニキャロット…2〜3本
ローズマリー…1本
A ┌ 酢…1/4カップ
　├ オリーブオイル…大さじ2と1/2
　├ 砂糖…大さじ1/2
　└ 塩…ひとつまみ

作り方

1　かぼちゃ、ズッキーニ、れんこん、コールラビは1cm厚さ、ミニキャロットは縦半分に切り、それぞれグリルパンかフライパンで両面をこんがりと焼く。ベビーコーン、ローズマリーも同様に焼く。

2　①が熱いうちに合わせたAに漬け、味をなじませる。

　野菜は熱いうちにマリネ液に漬けるのがコツです。

〈効能〉
いかやあさりのタウリンが肝機能アップ。デトックスに

〈効能〉
食物繊維＋腸内環境を整える酢で、便秘解消

お弁当にも重宝。韓国風のあえもの ナムル2種

[効能] アントシアニン豊富で疲れ目予防

[効能] ピーナッツとごまでビタミンE補給

紫キャベツのナムル

材料 作りやすい分量

紫キャベツ…3〜4枚
A ┌ ごま油…大さじ2
  │ おろしにんにく…少々
  │ 塩、こしょう…各少々
  └ 白いりごま…小さじ1

作り方

1. 紫キャベツは一口大に切る。
2. ボウルに①を入れ、Aを順に加えてあえる。

SALAD Point 油→塩の順に加えて野菜の水分をキープ。

えのきと切り干し大根のナムル

材料 作りやすい分量

えのきだけ…1/2袋
切り干し大根（乾燥）…20g
味つきザーサイ…15g
A ┌ 酢…小さじ2
  └ ナンプラー…小さじ1
白いりごま、ピーナッツ（刻む）…各少々

作り方

1. えのきはほぐして耐熱皿にのせ、ふんわりとラップをかけて1分ほど加熱する。切り干し大根はたっぷりの水でもみ洗いし、水けをしぼる。ザーサイは食べやすく刻む。
2. ボウルにえのき、切り干し大根を合わせ、A、ごま、ザーサイを加えてあえる。ピーナッツをふる。

SALAD Point 酢を加えることでさっぱりと食べられます。

デリ風サラダはサンドイッチにも ラペ2種

効能 β-カロテンが免疫力アップ

効能 かみごたえがあり、早食いを防ぐ

キャロットラペ

材料 作りやすい分量
にんじん…1本
A ┌ 白ワインビネガー…大さじ1
　├ 粒マスタード、オリーブオイル
　│　…各小さじ1
　└ 塩…少々

作り方
1　にんじんはスライサーでせん切りにする。Aを加えてあえる。

SALAD Point　スライサーを使うとせん切りもラクチンです。

ごぼうとくるみのラペ

材料 作りやすい分量
ごぼう…1/2本
くるみ(ローストしたもの)…適量
A ┌ ごま油…大さじ2
　├ 白練りごま…大さじ1
　├ メープルシロップ…大さじ1/2
　└ しょうゆ…小さじ1

作り方
1　ごぼうはささがきにして1～2分ゆでる。くるみは粗く刻む。Aは合わせておく。
2　ごぼうの水けをしっかりきり、A、くるみを加えてあえる。

SALAD Point　くるみと好相性のメープルシロップを使いました。

うずら卵のピクルス

材料　作りやすい分量

うずら卵(水煮)…10個
A ┌ すし酢(市販)…1/4カップ
　├ カレー粉…小さじ1/4
　└ ウスターソース…小さじ1/3

作り方

1　うずら卵を、合わせたAに漬けて2〜3時間以上おく。食べるときにタイム少々（分量外）を飾る。

ひじきとひよこ豆の和風ピクルス

材料　作りやすい分量

ひじき(乾燥)…10g
ひよこ豆(水煮)…20g
A ┌ 米酢…大さじ3
　├ めんつゆ(3倍濃縮)…大さじ2
　└ おろししょうが…小さじ1/2

作り方

1　ひじきは水につけてもどす。

2　水けをきったひじきとひよこ豆を合わせ、合わせたAに漬けて2〜3時間以上おく。

プチトマトのハニーピクルス

材料　作りやすい分量

プチトマト(赤、グリーンなど)…1パック
A ┌ はちみつ…大さじ2
　├ りんご酢、オリーブオイル、レモン汁
　│　…各大さじ1
　└ 黒こしょう…少々

作り方

1　プチトマトは皮を湯むきする。

2　①を合わせたAに漬けて2〜3時間以上おく。

野菜のピクルス

材料　作りやすい分量

にんじん…1/2本
グリーンアスパラ…2本
きゅうり…1本
パプリカ(赤・黄)…合わせて1/2個
ベビーコーン…3本
A ┌ 酢…1/2カップ
　├ 三温糖…大さじ4
　├ 水…1/4カップ
　├ 塩…ひとつまみ
　└ ローリエ…1枚

作り方

1　にんじんは食べやすい長さの1cm太さの棒状に、アスパラは長さを4等分に切る。

2　小鍋にAを煮立てて火からおろし、①を加える。

3　きゅうりは食べやすい長さの4〜6つ割り、パプリカは一口大、ベビーコーンは縦半分に切り、②に加えて2〜3時間以上おく。

酢の有機酸が疲労回復、ダイエットにも
ピクルス4種

[効能] 便秘予防や美肌効果アリ

[効能] ビタミンB_2が脂肪燃焼効果

[効能] リコピンで代謝アップ、脂肪燃焼も

[効能] 食物繊維＆酢で中性脂肪抑制

column

朝起きてすぐ、サラダができる!

手間をかけないこともサラダを続ける大きなポイント。
忙しい朝もすぐおいしい!を実現するコツを紹介します。

Point ─ 01 ─
野菜は水につけてパリッとさせる

葉物野菜は買ってきたら袋から出して水洗いをし、冷たい水に5分ほどつけておきます。このひと手間で収穫したてと同様のパリッとしたフレッシュさが取り戻せます。買ったまま野菜室へ、はNG!

Point ─ 02 ─
ちぎって保存

ざっと水けをきって食べやすくちぎり、ぬらしたキッチンペーパーを敷いたポリ袋に入れ、冷蔵庫へ。これで朝は器に盛るだけでOK!ハーブ類も同様に保存すると長持ちします。

Point — 03 —
ドレッシングは作りおき

ドレッシングは保存びんなどに少し多めに作っておくと便利。食べる直前によくふってかけます。スパイスやハーブを足したりすれば、毎日違った味わいが楽しめます。

Morning Salad!

Point — 04 —
前日の残りを有効活用

前日のおかずの残りを野菜にトッピングするだけでも、バランスのいい立派なサラダに。肉や魚のグリルなどはもちろん、根菜の煮ものなど和風のおかずも、汁けをきってのせれば、意外に好相性。

Point — 05 —
そのまま使えて便利なスーパーフード

栄養豊富なスーパーフードを常備しておくのも手。キヌアをゆでて冷蔵しておけば、そのままトッピングするだけで栄養価がグンとアップ。アサイーパウダーを塩と混ぜてふるのも手軽でおすすめです。

―― *column* ――

おすすめのオイル＆ソルト

素材そのものの個性を味わいたいから、調味料のセレクトも大切。
いつものサラダがひと味変わる、体にもいいおすすめのオイルとお塩をご紹介します。

"森のバター"を
オイルに

\<oil\>
01

MIRA
アボカドオイル

アボカド果実を低温圧搾、ろ過した最高級のエキストラバージンオイル。オメガ9などのアンチエイジング成分に富んだ、飲めるオイル。2400円(225g)／味とサイエンス

\<oil\>
02

PODOR
マカダミアナッツオイル

マカダミアナッツから採れるオイルで、オメガ9(オレイン酸)を56％含有。ナッツの香ばしさが食欲を誘い、熱にも強いので加熱調理にも使える。3200円(91g)／味とサイエンス

\<oil\>
03

えごま油

有機えごま種子を100％使用して低温圧搾し、健康に大切なオメガ3脂肪酸を57％も含む。オメガ3は熱に弱いので加熱せずそのままサラダに。1800円(180g)／味とサイエンス

＼大人気の健康オイル／

\<oil\>
04

BROWN SUGAR 1ST.
有機エキストラバージン
ココナッツオイル

新鮮なココナッツの果肉を低温圧搾・遠心分離にかけてその日のうちにボトリング。有機JAS認証を取得した無精製・無漂白のオイル。1780円(425g)／ブラウンシュガーファースト

\<salt\> 01

海の精
あらしお

使いやすい万能塩

日本特有の伝統的な製塩法をもとに作られている伝統海塩「海の精」。原料は伊豆大島の海水100％なので、マグネシウムやカルシウムなどが含まれている。
430円(170g)／海の精

\<salt\> 02

海の精
やきしお

にがり成分の多い粗塩を焼物の器に入れて、600℃以上の高温で壺焼き。栄養成分はそのままに、さらさらしていてふりかけやすいので、サラダの仕上げなどに。
420円(60g)／海の精

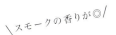
\スモークの香りが◎/

\<salt\> 03

NATURATA
オーガニック
ハーブソルト

ポルトガル産海塩をベースに、オニオン・パセリ・ディルなど香り高い10種の有機栽培ハーブや野菜をブレンド。ハーブドレッシングが手軽に。
800円(175g)／おもちゃ箱

\<salt\> 04

NATURATA
プレミアム
スモークソルト

スペイン産の海塩を、ドイツのブラックフォレストのブナやモミの木材でじっくり時間をかけてスモーク。仕上げに使うと芳醇な香りが楽しめる。1700円(100g)／おもちゃ箱

\<salt\> 05

サル・デ・イビザ
100％ソルト

世界遺産のひとつであるスペイン・イビザ島の自然保護地域で、伝統的な手法を用いて作られる海塩。ほどよく水分を含み、やわらかくまろやかな味わい。1200円(125g)／山本商店

問い合わせ先　　味とサイエンス　☎0120-523-524　海の精　☎03-3227-5601
　　　　　　　　おもちゃ箱　☎03-3759-3479　山本商店　☎03-6272-6561
　　　　　　　　ブラウンシュガーファースト　☎0120-911-909

" 自分にとってのいい状態をキープする。
それが美しくなる秘訣です "

やせて美しくなりたい。この本を手に取ってくれた人は
そう考えている人も多いと思います。
でも、私が強く思うことは、体重、肌、心、
すべてがいい状態でいることが、
本当の美しさにつながるということ。
だから本書のサラダは、カロリーオフを目的にしていません。
健康管理、アンチエイジング、さまざまな角度から
アプローチして、美しくなれるように考えました。
そして食生活の改善は、なによりも続けることが大事。
身近な食材を、面倒な手間なく、楽しんで食べられるよう、
まとめ作りなどのアイデアも盛り込んでいます。
この1冊が、あなたの毎日を輝かせてくれますように。

美養サラダ研究家　宮前真樹

プロデュースしているお店はこちら
M.Nature 東京都渋谷区渋谷2-2-3 ルカビル2 B1 ☎03-5466-1537 http://mnature.jp

Make a clean from salad

美養サラダ&ベジヌードル レシピ

サラダのくすり箱

宮前真樹 著

STAFF

撮影　貝塚純一
フードスタイリング　澤入美佳
デザイン　関根僚子
構成　久保木薫
ヘアメイク　千葉智子(Rossetto)
料理アシスタント　齋藤梨乃
校正　鈴木初江

栄養監修　麻生れいみ
マネージメント　名和裕寿　北村朋子(SDM)

編集　吉本光里　川上隆子(ワニブックス)

食材協力　Oisix
　　　　　オイシックス株式会社　☎0120-016-916(受付時間：10:00-17:00)

2016年8月12日　初版発行

発行者　横内正昭
編集人　青柳有紀
発行所　株式会社ワニブックス
　　　　〒150-8482
　　　　東京都渋谷区恵比寿4-4-9
　　　　えびす大黒ビル
電話　　03-5449-2711(代表)
　　　　03-5449-2716(編集部)
ワニブックスHP　http://www.wani.co.jp/
WANI BOOKOUT　http://www.wanibookout.com/

印刷所　株式会社美松堂
製本所　ナショナル製本

定価はカバーに表示してあります。
落丁・乱丁の場合は小社管理部宛にお送りください。送料は小社負担でお取り替えいたします。ただし、古書店等で購入したものに関してはお取り替えできません。
本書の一部、または全部を無断で複写・複製・転載・公衆送信することは法律で定められた範囲を除いて禁じられています。

©宮前真樹2016
ISBN978-4-8470-9479-8